14.º Premio de Poesía
Universidad de Oviedo

EL VIAJE DE LA SEMILLA: DEL ALMA A LA TIERRA

Alejandro García Sánchez

Universidad de Oviedo

14

Un jurado presidido por delegación de la vicerrectora de Extensión Universitaria y Proyección Cultural por D.ª Luz Mar González Arias, directora del CSU Avilés y los vocales D.ª Inés López Manrique, directora de Área de Proyección Cultural, D. Aurelio González Ovies, D. Gonzalo Llamedo Pandiella, D. Francisco Javier García Rodríguez, profesores de la Universidad de Oviedo y D. Jesús Vera Berdasco, presidente del Consejo de Estudiantes de la Universidad de Oviedo; concedió a este libro el premio de la XIV Edición del Concurso Literario Universidad de Oviedo en su modalidad de poesía.

Ediciones de la Universidad de Oviedo
Servicio de Publicaciones de la Universidad de Oviedo
ISNI: 0000 0004 8513 7929
Campus de Humanidades. Edificio de Servicios.
33011 Oviedo (Asturias)
Tel. 985 10 95 03 Fax 985 10 95 07
https://publicaciones.uniovi.es/
servipub@uniovi.es

Edita e Imprime: Servicio de Publicaciones. Universidad de Oviedo
DL AS 292-2025
ISBN: 978-84-10135-56-7

la temperatura precisa que murmura secretos,
la altitud adecuada que sugiere sueños a las nubes.

La materia orgánica que regresa al origen,
bacterias en plena algarabía,
el viento que canta en susurros etéreos,
la luz solar adecuada que besa las hojas,
la porosidad del suelo que retiene su misterio.

El oxígeno apropiado que fomenta el movimiento,
la concentración correcta de ozono en la bruma,
las gotas finas de lluvia que explotan con delicadeza,
la vegetación propia que define el ecosistema,
cada elemento encajando en perfecta armonía.

Nuestro entorno favorito nos inspira,
pero nosotros sellamos la odisea,
permitir transformar y ser transformados:
la expresión lógica, más allá de la razón;
una nueva fragancia surgiendo de dos hedores,
la letra dejando de ser signo y volviéndose símbolo,
la profunda realidad que nos hace sentir vivos.

¿Ves la ciudad? ¿Cuán vasta es?
Cada ventana y cada puerta

ofrecen una realidad distinta,
infinita y única en su atributo.

Cada una válida, sin excepción;
eso me enseñó mi vocación,
y no me refiero a la de mi título,
me refiero al arte de plasmar,
cada realidad que se deja permear.

Aun así me parece que lo más interesante
es cuando el ingeniero revisa sus engranajes internos,
cuando el médico se muestra igual de vulnerable,
cuando el yogui cuenta las espinas en los senderos.

No queda más que comenzar por uno mismo,
abordar el viaje del héroe,
o el héroe como un viaje,
la mitología encontrada en todas las culturas,
o la cultura mostrada en todas las mitologías,
y el esplendor en lo vulgar, en lo cotidiano.

Yo fui esa semilla plantada en asfalto,
noble, espontánea, juguetona, pero limitada;
sin espacio de germinación ni de crecimiento.

Pero un día decidí asomarme al borde del acantilado,
y de solo mirar ya me produjo un súbito exalto.
¿Qué hacía una semilla cuestionándolo todo?
¿No debía únicamente seguir el común procedimiento?

¿Qué había más allá, sino lo dicho: el vacío, la inexistencia y la muerte?
O quizá algo más... era una intuición, una corazonada, un presentimiento.
Se acercó a la orilla, miró al abismo y preparó el salto:
salto de fe, de impulso, de fin de vida, de incertidumbre; de renovación.

Así se resignó a su destino:
¡Saltó, saltó y en realidad, partió!
Con incertidumbre,
con la barriga llena,
y el corazón vacío, pero partió.

Roto; porque por más éxito que lograra,
nunca obtenía un aplauso.
Roto; porque, aunque fuera simpático,
no se reía de las mismas bromas pesadas.
Roto; porque, aunque era atractivo,
era la sombra de algo socialmente negado.

Roto; porque no importaba quién tuviera razón,
sino quién gritara más alto.
Roto; porque respetaba las señales viales,
y eso desesperaba a todos a su alrededor.
Saltó roto, por miles de imposibles,
en una sociedad partida en clases.
«Nunca lo lograrás, dedícate a otra cosa», decían a voces.

Pero él tenía esperanza en sí mismo,
en el areté griego de la sociedad y el bien común,
y con la certeza de quien sigue su brújula,
en un salto al vacío, partió.

Saltó roto;
pero en el éxodo se fue deconstruyendo y reconstruyendo.
En lo recóndito del mundo halló huesos ancestrales
de quien se había fracturado antes en sentido inverso,
con la promesa de entregar los suyos a su eterno descanso.
Él espera poder cruzar ese río con su fiel canino de confianza.

Partió loco; loco para algunos,
a posteriori, sus palabras sonaron a cordura.
Saltó siendo el mal ejemplo,
y ahora es el nieto ejemplo.
Partió con el corazón vacío,

pero aquí se le llenó,
de abrazos, caricias, besos,
miradas que reconfortan
y otras que se desconciertan.

Saltó sin aparente rumbo,
con los cimientos bien anclados.
Partió con contactos,
y terminó con hermanos.
Saltó siguiendo su destino,
sin imaginar,
los inéditos golpes,
los nuevos problemas,
las renovadas soluciones,
las recientes salidas creativas.

Partió roto,
sin que nadie creyera en él.
Ahora escucha esos: «¿Quién diría que llegaría tan alto?»
Y es que, ¿quién diría lo que él ya sabía?

Pero vivir no se trata solo de atreverse,
sino también de germinar, de prosperar,
de ponerle entrega a las cosas diarias.
Encarar con ecuanimidad,

cada rojo y gris amanecer,
hacer las cosas con cariño,
sin apegarse al resultado.

Un día, al mirar por la ventana del bus,
vio la carretera disolverse en la neblina.
Como Walter lo había dicho años antes,
esos momentos invitan a la reflexión.

En un santiamén sintió los nubarrones cerca,
más próximos de lo que estaba acostumbrado.
El peligro era perder visibilidad y caer al suelo,
así que debía moverse con alerta y cautela.
Sabía que en realidad no podía alcanzar el cielo,
pero tenía la firme convicción de llegar más lejos,
como un enorme abedul que crece sin complejos.

Se embriagó de plenitud y franca camaradería,
nunca se sintió solo, pues sus guías lo cuidaban.
Evitó posar donde las multitudes postureaban,
prefirió tirarse a la sombra de templos verdes,
en vez de a los rayos en las catedrales recientes.

Hubo momentos de todo,
también drama y pasión.

En su travesía halló,
a una actriz pelirroja que lo cautivó.

Sus manos eran del color de sus pecas,
y las de ella, del color de sus uñas.

Su cabello olía a bosque,
su piel a avellana,
y su ropa a roble.

Ella le enseñó
que la intuición sigue patrones matemáticos,
a actuar sin máscaras,
a ser uno mismo, nunca el público,
a bailar sobre pies descalzos,
y sobre la arquitectura inviable
de proyectos compartidos.

Él, tan romero,
ella, tan manzanilla.

Su andar oscilante, de un lado a otro,
esparcido, como un colibrí,
que revolotea en todas las direcciones.
El aroma y color la invitaban a vibrar,

de experiencia en experiencia,
y nutrir la dinámica del existir.

Él, aprovechaba el aleteo del colibrí,
para transmitir sus buenas intenciones.

Si veo un colibrí me acordaré de ti;
si me ves en sueños, puede que sea real,
si me ves nadando en mar abierto, quizá sea yo,
si me ves en la montaña, pregúntatelo seriamente.

Pero no se trataba exclusivamente de ella,
sino de un arquetipo que la trascendía.
No había conocido ánima más deslumbrante,
si su corazón se materializase,
desbordaría el caudal de su mezquita,
rompiendo las normas a las que se esté aclimatado.

Pastora vívida, peregrina, arremetida,
nadie ha podido detenerla,
dama guerrera de Elche,
silueta de diosa pagana de la fertilidad,
cabello castaño de romana,
verano de sangre caliente,
invierno de aguante.

Mujer culta, pensante, ojos claros y magnetizantes,
musa amante, madre tolerante, abuela cariñosa,
bruja de remedio alquímico,
carácter impetuoso del mar Cantábrico,
piel mediterránea,
reina y granjera medieval.

Tan actual, libre y empoderada,
que ama desinteresadamente por lo que se es
y se le demuestre, desde el primer instante,
hasta el último suspiro,
no por las riquezas que se posee.

Nunca en ti lejos de casa,
regazo de nublas densas,
flor indomable,
mujer ibérica.

Reconoció camaradas,
y uno lo marcó;
sería como un espejo,
en el que se contempló,
en su búsqueda por el conocimiento,
no por memorizar ni aparentar,
sino en descubrir los secretos del cerebro y del cosmos.

En esa curiosidad desde *guajes*,
en sus referentes adolescentes,
en sus padres determinantes,
sus madres muy elocuentes,
sus hermanas independientes.

En sus retos indomables,
para los demás inalcanzables,
en su seguridad interna,
en su palpitar por la aventura.

En sus pasatiempos algo obstinados,
en sudar cada movimiento en la cancha,
en convertir el pesar en un recital amado,
en la exploración de la *tierrina* profunda,
y en sus inoperantes chistes de cuñado.

En sus dones,
el de uno más social y de gentes,
el del otro más reservado e íntimo.
Los unieron las neurociencias,
pero ambos buscaban explicaciones hondas,
a los orígenes, a la creación, a los enigmas;
solo que tú desde la biología,
y yo desde la psicología.

Y después de todo, de semilla ahora es un tronco maduro;
con raíces profundas que conectan con el pasado,
con cada parte de su esencia que perdura.
Una corteza cobriza que recibe al Sol,
un follaje vibrante como un pinar.

Unos ojos hundidos, de vista perspicaz;
serena sabiduría de tejo y ahuehuete;
lejos de ser humoral destilado artificialmente,
es temperamento fermentado naturalmente
con sidra de manzana y pulque de maguey.

Unos labios tenues
que sienten la brisa del Nuberu y de Tláloc,
para saber cuándo hay tormenta;
un bigote largo y despeinado
de guerrero de las Galias.

Pómulos y pulmones fuertes
que resuenan con esta extensa cordillera Americana y Cantábrica;
el cerro de Juchitlán y la peña de los Cuatro Jueces;
el Popocatépetl y los Picos de Europa;
un corazón que late al ritmo de gaitas y tambores.

Una nariz tribal
de necesidad social,
un druida y un chamán;
un cráneo amplio que refleja una mente actual.

Pies firmes para danzar en una hoguera de *San Xuan*,
manos generosas para ofrendar en Día de Muertos,
flor de San Juan, que busca bienestar en su afán,
flor de Cempasúchil que guía a los ancestros.

Un astrónomo de la América antigua,
indagando paradójicamente el microcosmos;
un cazador otomí en consonancia con su entorno.

Un soldado romano de bajo rango;
con su águila al hombro, un nómada mongol;
un campesino feudal de existencia humilde;
un alquimista en busca de la piedra filosofal;
un minero de la Cuenca astur y del valle del Mezquital.

Un hacendado criollo cultivando desigualdad;
un poeta enviado sin fusil a la guerra civil;
un marinero del norte viendo a su hijo partir,
el hijo trabajando en los ferrocarriles en lejano país,
un científico explorando la corteza prefrontal.

Dos linajes antiguos resurgiendo,
para sanar una rama afectada;
una voluntad silenciosa e impetuosa;
una sonrisa transparente y sincera,
de trigo y maíz, una buena cosecha.

La pieza perdida que unió senderos rotos,
una ramita entre perspectivas y anhelos remotos,
del gran árbol de la vida, al que todos pertenecemos.

Soy lo que soy,
y lo que antecedió;
y sí, también ha habido noches duras.

Hubo veranos de soledad,
inviernos de introspección escasa,
promesas de quienes aseguraron estar,
como penumbra de tiranos olvidados.

Estímulos efímeros apagados por la humedad,
fugaz interés diluido en la individualidad,
una identidad que, para renacer,
surcó el duelo, cual charrán al amanecer.

Hubo enredaderas y dudas comunes,
al contrastar su morena máscara aparente,
y lunares subcutáneos ocultos bajo cicatrices,
en un entorno indirectamente desafiante,
en forma de sesgos y prejuicios latentes.

En el temor de que todo cambie para siempre,
poniendo la admiración y proyección,
hacia etapas que parecían ser anteriores,
eternas en su preservación y conexión.

Septiembre despierta la nostalgia,
días de autonomía y patria resuenan,
la neuroplasticidad y el espíritu desafían,
donde el aquí y el allá se enredan.

Lo precedente y el presente se abrazan,
negación y afirmación se enfrentan,
lo irracional y lo racional se juntan,
lo poético y lo prosaico se entrelazan.

La diferencia crea encuentro,
la similitud no reconocida, alejamiento,
pero el respeto marca la diferencia:
agua dulce, fluyendo en un mar de agua salada.

Nadie arriesgaría lo que posee por mero capricho,
nadie desearía encontrar, lejos de su hogar un salario digno,
nadie anhelaría en lares distantes el reconocimiento.

Sin embargo, no cambiaría su destino el viajero,
ni una sola circunstancia, ni un solo turno en el juego,
pues solo a través del vacío, la carencia e injusticias,
puede forjar las amorosas alas que lo mantienen en paz.

A veces faltan ganas de volver al curro,
así que se recompensa con un chocolatino calientino.
A veces el cansancio pesa,
así que prepara un tereré en una calabaza.

A veces tiene frío en las noches,
así que le agrega a su bebida canela.
A veces inhibido y sin fluir se siente,
así que bebe un trago de cerveza.

A veces necesita pensar las cosas claramente,
así que posa en sus labios un puro de tabaco.
A veces necesita relajarse y mirar dentro,
así que prepara una infusión calientina.

La mayoría de las veces la sirve sola,
pero si necesita energía para el trabajo,
le pone un poco de miel o azúcar.

A veces siente que necesita el polvo limpiarse,
así que en su rostro el agua con ruda esparce.

La naturaleza nos da lo necesario,
solo es cuestión
de que podamos hallar
nuestro sitio natural.
Donde echar raíces;
raíces para volar
y alas para arraigar.

El trayecto siempre ha sido interior,
no un destino a donde llegar,
sino un compromiso propio,
un pasaje hacia lo desconocido,
de nosotros mismos y del otro,
un encuentro con la sombra,
con el albedo alquímico.

Un periplo más inmenso y totalizador
que clasificar nuestra personalidad.

Más allá de cambiar viejos patrones,
se trata de transformar lo profundo,
regular e integrar, hasta llegar a lo real,
la presencia de nuestro equilibrio idóneo.

Al final somos eso
semillas dispersas en los biomas,
que con dedicado riego un día serán árboles.

Pasajeros errantes,
en una espiral que se traza únicamente al pisarla,
con calzado perecedero y prestado,
y una voluntad que olvida nuestra fragilidad.

Nos creemos imperecederos,
nos dejamos alienar,
por el paisaje en nuestra andadura,
aferrándonos a los bellos frutos
que recolectamos,
odiando las piedras, pateándolas.

Este odio, dependencia y avidez,
nos impide cerrar ciclos;
así que los ciclos nos cierran a nosotros,
lecciones a la mala, algunas a la buena,

para ampliar nuestra conciencia,
sobre nosotros mismos,
sobre nuestras relaciones
y el universo que nos circunda.

Si te ves en lo que te rodea,
en la creación,
en el dinamismo,
en añejos escritos,
en los misterios,
en lo impermanente,
puede que allí esté la semilla;
aprovéchala y rocíala.

Si la ves en el prójimo,
puede que él te vea en la tuya.

Y el resto solo queda plasmarlo,
cada quien con su propio sentir,
en esta gran rueda del devenir.

Alejandro García Sánchez (México, 1992) desde el colegio mostró un profundo interés por la lectura, lo que lo llevó a destacar en la oratoria y a publicar un cuento, como parte de la colección Ellos también cuentan.

Cursó estudios técnicos en electrónica y mantenimiento industrial, además de iniciar un grado en ciencias ambientales. Durante esta etapa, lejos de las artes y humanidades, fue a través del rap como se reencontró con la escritura, utilizándola como medio para expresar las crudas experiencias y desafíos que vivía u observaba a su alrededor, versos que hoy enriquecen estas líneas.

Posteriormente, se graduó en Psicología por la Universidad Nacional Autónoma de México (UNAM), institución de renombre en el ámbito hispanohablante (que recibió un Premio Príncipe de Asturias en 2009). Alejandro consolidó así su interés por el autoconocimiento y el bienestar humano, que junto a su práctica terapéutica ha enriquecido su mirada y otorgado cabida a la integridad de sus intereses.

Descendiente de asturianos, emigró a Asturias, donde encontró su hogar y comenzó un proceso de exploración profunda de su herencia e identidad mexico-asturiana. Actualmente está finalizando el Máster en Investigación en Neurociencias en la Universidad de Oviedo. Además, junto a colegas del curso, fundó el proyecto musical Les Carriles, lanzando el sencillo Enigmas.

Este primer poema publicado, «El viaje de la semilla: del alma a la tierra», es el resultado de más de una década de reflexión dentro de su proceso de individuación. Cada verso refleja un aprendizaje vital donde se pueden ver entre líneas disciplinas tan variadas como las ciencias naturales, la historia, la mitología, la filosofía y la neuropsicología.

Su estilo poético busca la integración de opuestos, con el propósito de facilitar la transformación personal a través de la palabra, invitando al lector a explorar el misterio que habita en cada paso del camino.